Markus Groß

Informationssicherheit: Implementierung eines zertifizierten ISMS nach ISO27001 für IT-Dienstleister

GRIN Verlag

Bibliografische Information der Deutschen Nationalbibliothek:

Die Deutsche Bibliothek verzeichnet diese Publikation in der Deutschen National-
bibliografie; detaillierte bibliografische Daten sind im Internet über http://dnb.d-
nb.de/ abrufbar.

Impressum:

Copyright © 2012 GRIN Verlag GmbH
Druck und Bindung: Books on Demand GmbH, Norderstedt Germany
ISBN: 978-3-656-17014-3

Dieses Buch bei GRIN:

http://www.grin.com/de/e-book/192088/informationssicherheit-implementierung-
eines-zertifizierten-isms-nach

GRIN - Your knowledge has value

Der GRIN Verlag publiziert seit 1998 wissenschaftliche Arbeiten von Studenten, Hochschullehrern und anderen Akademikern als eBook und gedrucktes Buch. Die Verlagswebsite www.grin.com ist die ideale Plattform zur Veröffentlichung von Hausarbeiten, Abschlussarbeiten, wissenschaftlichen Aufsätzen, Dissertationen und Fachbüchern.

Besuchen Sie uns im Internet:

http://www.grin.com/

http://www.facebook.com/grincom

http://www.twitter.com/grin_com

Inhaltsverzeichnis

Abbildungsverzeichnis   IV

Tabellenverzeichnis   IV

Abkürzungsverzeichnis   IV

1   Einleitung in das Thema   1
    1.1   Betriebswirtschaftliche Bedeutung der Informationssicherheit   1
    1.2   Motivation und Problemstellung   2

2   Themenrelevante Grundlagen   4
    2.1   Definition von Informationssicherheit   4
    2.2   Gesetzliche Anforderungen   5

3   Standards zur Umsetzung von Informationssicherheit in Unternehmen   7
    3.1   Die ISO 2700x Familie   7
    3.2   Komplementäre Standards   8

4   ISMS Einführung nach ISO/IEC 27001 für IT-Dienstleister   10
    4.1   Vorgehen zur Planung   10
    4.2   Maßnahmen umsetzen   12
    4.3   Umsetzung prüfen und kontinuierliche Verbesserung   13
    4.4   Zertifizierung des ISMS   14

5   Fazit   16

Abbildungsverzeichnis

1   PDCA Zyklus zur kontinuierlichen Verbesserung 13

Tabellenverzeichnis

1   Gesetzliche Anforderungen an die Informationssicherheit 5

2   Die ISO(IEC 2700x Familie 7

Abkürzungsverzeichnis

BDSG . . . .   Bundesdatenschutzgesetz

BGB . . . .   Bürgerliches Gesetzbuch

BSI . . . .   Bundesamt für Sicherheit in der Informationstechnologie

CC . . . .   Common Criteria

GDPdU . . . .   Grundsätze zur Datenüberlassung und Prüfbarkeit digitaler
                                                Unterlagen

GoBS . . . .   Grundsätze ordnungsgemässer DV-gestützter
                                                Buchführungssysteme

GWB . . . .   Gesetz gegen Wettbewerbs-Beschränkungen

HGB . . . .   Handelsgesetzbuch

IEC . . . .   International Electrotechnical Commission

ISMS . . . .   Informationssicherheits-Managementsystem

ISO . . . .   International Standard Organisation

IT . . . .   Information Technology

KonTraG . . . .   Gesetz zur Kontrolle und Transparenz im Unternehmensbereich

KVP . . . .   Kontinuierlicher Verbesserungs-Prozess

StGB . . . .   Strafgesetzbuch

TDDSG . . . .   Teledienste-Datenschutzgesetz

TKG . . . .   Tele-Kommunikations-Gesetz

TÜV . . . .   Technischer Überwachungsverein

1 Einleitung in das Thema

1.1 Betriebswirtschaftliche Bedeutung der Informationssicherheit

"An allem Unfug, der passiert, sind nicht etwa nur die Schuld, die ihn tun, sondern auch die, die ihn nicht verhindern!" (Kästner 2006, S.45)

Dieses Zitat von Erich Kästner verdeutlicht die Situation und Bedeutung der Informationssicherheit für Unternehmen in der heutigen Zeit. Durch die kontinuierliche Weiterentwicklung der Informationstechnologie (IT) in den letzten Jahrzehnten wurden Unternehmen völlig neue Möglichkeiten eröffnet. Als treibende Kraft des Wirtschaftsaufschwungs, wie die IT Anfang der neunziger Jahre proklamiert wurde, erlaubte sie wesentliche Verbesserungen der Produktivität und der Kosteneffizienz (Veselka 2008, S.12). Ohne die notwendige Sicherheit und zuverlässige Verfügbarkeit der IT wäre eine Vielzahl von betrieblichen Geschäftsprozessen nicht mehr möglich. Nach Buchsein et al. prägt die Qualität, Funktionalität und Leistungsfähigkeit dieser IT-Sicherheit maßgeblich das innere und äußere Erscheinungsbild der gesamten Organisation, was insbesondere die Relevanz für IT-Dienstleistungsunternehmen hervorhebt (Buchsein, Victor, Günther & Machmeier 2008, S.12). Außerdem existieren eine Vielzahl von gesetzlichen Vorgaben, wie das Bundesdatenschutzgesetz (BDSG), das Gesetz zur Kontrolle und Transparenz im Unternehmensbereich (KonTraG) oder die Grundsätze zur Datenüberlassung und Prüfbarkeit digitaler Unterlagen (GdPDU), die effektive und effiziente Maßnahmen für eine adäquate und zuverlässige Informationssicherheit voraussetzen (Speichert 2007, S.336ff).

Ziel bei der Einführung von standardisierten Sicherheitskonzepten ist die Komplexitätsreduktion dieser Anforderungen. Nach einer aktuellen Studie der Universität Regensburg in Kooperation mit dem Bundesamt für Sicherheit in der Informationstechnologie (BSI) ist mit 59% die Norm ISO/IEC 27001 (nach IT-Grundschutz) der bei deutschen Unternehmen am weitest verbreitete Standard zur Ausrichtung von IT-Sicherheit (Tötök 2010, S.5). Dieses Ergebnis wird von einer international durchgeführten Untersuchung unterstrichen, wonach 67% aller Unternehmen sich an dieser ISO-Norm bei Konzepten für die Informationssicherheit orientieren (van Kessel 2011, S.23). Als international anerkannter Standard kann dieser sowohl bei kommerziellen Unternehmen, als auch öffentlichen Behörden und gemeinnützigen Organisationen zielgerichtet umgesetzt werden (o.V. 2005*a*, S.7). Aufgrund der hohen Verbreitung des ISO-Standards, soll die Umsetzung eines Informationssicherheits-Managementsystems (ISMS) nach ISO/IEC 27001 im Folgenden untersucht werden.

1.2 Motivation und Problemstellung

Aufgrund der zunehmenden Bedeutung der IT für Unternehmen und der zunehmenden Zahl an gesetzlich und branchenspezifisch verbindlichen Verordnungen (IT-Compliance), nimmt die Bedeutung des Sicherheitsaspektes kontinuierlich zu. Generell kann zwischen der Bedeutung für die Privatwirtschaft und den öffentlichen Bereich unterschieden werden. Private Unternehmen sind grundsätzlich bei der Wahl von Standards freier als staatsnahe Behörden und Einrichtungen. Neben denen noch in Abschnitt 2.2 vorgestellten gesetzlichen Rahmenbedingungen werden nach Ehmann folgende Vorteile für eine ISO/IEC 27001 Ausrichtung der Informationssicherheit für private Unternehmen genannt:

- „Bei der ISO/IEC handelt es sich um eine international anerkannte IT Zertifizierung, somit ist bei der zunehmenden Globalisierung ein Wettbewerbsvorteil gegeben

- Das ISO Rahmenwerk fördert ein deutlich erhöhtes Bewusstsein für Informationssicherheit, da die IT Sicherheit im Unternehmen messbar und mit Wettbewerbern vergleichbar gemacht wird

- (Neu-)Kunden können darauf vertrauen, dass bei einem bestehenden IT Zertifikat ihre Informationen im Unternehmen sicher und geschützt sind; dies ist für IT-Dienstleistungsunternehmen zunehmend relevant

- Ein IT Zertifikat für Informationssicherheit ist zunehmend wettbewerbsentscheidend bei einer privaten Auftragsvergabe

- Mit der ISO 27001 Zertifizierung demonstriert ein Unternehmen, dass die entsprechenden Gesetze und Verordnungen befolgt werden" (Ehmann 2010, S.24)

Durch die Vergleichbarkeit von Leistungen sind Behörden und Einrichtungen des öffentlichen Dienstes an das Beschaffungsrecht gebunden, durch welches die Chancengleichheit der technischen Anforderungen der Bieter gefordert wird (Köhler 2012, §97). Die ISO-Norm 2700x1 bietet hier nicht nur eine europäische sondern auch eine international allgemeingültige Grundlage, auf der Maßnahmen und Leistungen vergleichbar sind. „Eine nicht zu unterschätzende Bedeutung für die Durchsetzung von Zertifizierungsmodellen kommt dem öffentlichen Beschaffungsrecht und hier insbesondere den für diesen gültigen europäischen Richtlinien zu" (Kersten & Klett 2008, S.6f). Zur Einhaltung des Wettbewerbsprinzips bei Ausschreibungen von technischen Projekten werden hier Standards gefordert, die es ermöglichen, nationale und europäische Normen vergleichbar umzusetzen. Wenn ein öffentlicher Auftraggeber bei einer europäischen oder internationalen Ausschreibung beispielsweise nur den deutschen IT-Grundschutz nach BSI einfordert, würde dies ein Handelshindernis darstellen und einen anderen ausländische Bieter diskriminieren. Soll also die Ausschreibung die Zulassungskriterien für das europäische Beschaffungsrecht erfüllen, ist eine Verwendung und Vergleichbarkeit durch international anerkannte ISO/IEC 27001 somit angeraten (Kersten & Klett 2008, S.8f).

2 Themenrelevante Grundlagen

2.1 Definition von Informationssicherheit

Das oberstes Ziel der Informationssicherheit wird in der Gewährleistung der vollumfänglichen Absicherung von gespeicherten Informationen gesehen. Um die Informationssicherheit zu charakterisieren, werden folgende drei primäre Merkmale als Schutzziele definiert (Gründer & Schrey 2007, S.12f):

- Durch die Vertraulichkeit (engl. Confidentiality) soll sichergestellt werden, das auf die Informationen nur von berechtigten Prozessen sowie anderen IT-Systemen zugegriffen werden kann

- Die Integrität (engl. Integrity) stellt sicher, dass die Informationen nicht manipuliert werden können. Insbesondere bedeutet dies, dass die gespeicherten Daten nicht durch unbefugte und unbeabsichtigte Manipulation verändert wurden

- Unter der Verfügbarkeit (engl. Availability) wird festgelegt, dass die Informationen gemäß den Compliance-Vorgaben des Unternehmens zur Verfügung stehen

Die Informationen sind für ein Unternehmen erst dann als sicher einzustufen, wenn ihre Vertraulichkeit, Integrität und Verfügbarkeit definiert wurde und diese im geforderten Maße gewährleistet werden kann (Brunnstein 2006, S.9). Ergänzend zu diesen drei Hauptmerkmalen der Informationssicherheit werden teilweise noch weitere Sekundärmerkmale gefordert (Gründer & Schrey 2007, S.12f):

- Nachvollziehbarkeit (engl. Traceability): Informationen lassen sich einer bestimmten Person oder einem Prozess verbindlich zuordnen

- Authentizität (engl. Authenticity): Die Identität einer Person lässt sich zweifelsfrei nachweisen

- Verbindlichkeit (engl. Non-Repudiation): Nicht Abstreitbarkeit, dass die Information zu einem bestimmten Geschäftszweck gesendet wurde

In wie weit auch die sekundären Merkmale einer Beachtung bedürfen hängt von den Schutzzielen des Unternehmens ab (Pohlmann & Blumberg 2006, S.306).

2.2 Gesetzliche Anforderungen

Der Stellenwert für die Informationssicherheit variiert in Unternehmen unterschiedlicher Branchen, was primär mit dem unterschiedlichen Umfang der Informationsverarbeitung und -nutzung zusammenhängt (Gründer & Schrey 2007, S.15).

Gesetzliche Regelung	Betroffener Bereich
Bundesdatenschutzgesetz (BDSG)	Das BDSG regelt die Persönlichkeitsrechte beim Umgang mit personenbezogenen Daten. Es beschreibt die zu treffenden technischen und organisatorischen Maßnahmen, damit dem Bundesdatenschutzgesetz genüge getan wird (Speichert 2007, S.164ff).
Strafgesetzbuch (StGB)	Das StGB umfasst sämtliche Rechtsnormen, die den Inhalt und den Umfang der staatlichen Strafbefugnisse bestimmen. Im IT Kontext geht es hier primär um die strafrechtliche Verfolgung von Kompromittieren der Informations-Schutzziele (Speichert 2007, S.311ff)
Bürgerliches-/Handelsgesetzbuch (BGB, HGB)	Die Gesetznormen BGB und HGB regeln die Grundlagen des Datenschutzes und der Informationssicherheit für Bürger und Unternehmen (Witt 2006, S.13)
Teledienstdatenschutzgesetz (TDDSG)	Hierin sind besondere Regelungen für den speziellen Datenschutz des Teledienstbereichs festgelegt (Speichert 2007, S.142ff)
Telekommunikationsgesetz (TKG)	Das TKD sichert die Anwendung des Fernmeldegeheimnisses bei geschäftsmäßigen Telekommunikationsdienstleistern und gibt Regelungen der Erlaubnisbestände bei Erhebung von Telekommunikationsdaten (Speichert 2007, S.121ff)
Grundsätze ordnungsmäßiger DV-gestützter Buchführungssysteme (GoBS) und Grundsätze zur Datenüberlassung und Prüfbarkeit digitaler Unterlagen (GDPdU)	Vorgaben und Auflagen zur Sicherung und revisionssicheren Aufbewahrungspflichten von Daten und Belegen insb. im Kontext des Steuerrechts und den Finanzbehörden (Witt 2006, S.5)
Gesetz zur Kontrolle und Transparenz im Unternehmensbereich (KonTraG)	Durch das KonTraG wurde die Pflicht der Vorstände börsennotierter Aktiengesellschaften, ein Risikomanagement zu installieren, rechtlich verankert. Dies schließt insbesondere die Informationssicherheit mit ein (Speichert 2007, S.218f)

Tabelle 1: Gesetzliche Anforderungen an die Informationssicherheit (eigene Darstellung)

So haben beispielsweise Banken, Versicherungen und Finanzdienstleister besonders hohe Anforderungen an Verfügbarkeit und Sicherheit ihrer Informationen. Unternehmen aus dem Bereich wie Luft- und Raumfahrt sowie Energieversorgung haben eine so genannte „Null-Fehler" Toleranz bezüglich eines noch so kleinen Systemausfalls (Gründer & Schrey 2007, S.15). Kleinere und mittlere Unternehmen haben oftmals nicht so hohe Ansprüche an die primären Ziele der Informationssicherheit. Allen Unternehmen ist es gleich, dass sie gewisse gesetzliche Auflagen erfüllen müssen, wenn es um die Verarbeitung von Informationen geht. „IT-Sicherheit erfordert stets ein notwendiges Augenmaß, schließlich bestehen auch Unternehmen, deren Ansprüche an die Verfügbarkeit und Sicherheit ihrer Informationen deutlich geringer ausfallen, als in den zuvor beschriebenen Branchen. Oftmals unterschätzen und/oder vernachlässigen IT-Leiter die IT-Sicherheitsbedürfnisse aber gerade in solchen Unternehmen, da (IT-)Gefahren typischerweise nicht unmittelbar sicht- oder fühlbar sind, solange sie sich nicht verwirklicht haben." (Gründer & Schrey 2007, S.16).

Im Rechtsraum der Bundesrepublik Deutschland wurde zur Wahrung der Sicherheit von Informationstechnologie und zum Ziel des einheitlichen Umgangs mit der Informationssicherheit mehrere Gesetze eingeführt. Kernziel dieser Maßnahmen ist der Schutz von Mitarbeitern, Kunden und Gläubigern, aber auch der Übertragung von Verantwortung auf Unternehmen, Geschäftsleitungen und Mitarbeitern (Speichert 2007, S.327f). In Tabelle 1 werden wesentliche Gesetze mit den entsprechenden Vorschriften zur Informationssicherheit dargelegt.

3 Standards zur Umsetzung von Informationssicherheit in Unternehmen

3.1 Die ISO 2700x Familie

Durch das aus der Zusammenarbeit der International Organisation for Standardization (ISO) und der International Electrotechnical Commission (IEC) entstandene Joint Technical Committee 1 wurde das Subcommittee 27 (SC27) gebildet, dass für die Erarbeitung von Sicherheitsstandards zuständig ist. Hier werden die Standards der ISO Familie 2700x erarbeitet, bei der 41 Länder aktiv an der Entwicklung beteiligt sind und weitere 18 Länder einen Beobachterstatus besitzen (Knörle 2010, S.30).

Norm	Beschreibung
ISO 27000 (ISMS Overview and Vocabulary)	Erläutert allgemeine Definitionen und Begriffe, die im Rahmen der ISO-2700x-Reihe verwendet werden
ISO 27001 (ISMS Requirements)	In ihr sind die Anforderungen an ein ISMS (Information Security Management System) fixiert
ISO 27002 (Code of Practice for ISMS)	Beschreibt, wie die ISO-2700x-Normen in die Praxis umgesetzt werden, inklusive Zielen und Vorschlägen zur Umsetzung sowie Kontrollmaßnahmen
ISO 27003 (Implementation guidance)	Legt im Detail dar, welche Funktionen ein ISMS bereitstellen muss und wie sich ein solches System in der Praxis einrichten lässt

Tabelle 2: Die ISO/IEC 2700x Familie in Anlehnung an (Goltsche 2006, S.27)

Als internationaler de-facto-Standard setzt sich die hier entwickelte ISO-Norm 27001 für sämtliche Sicherheitsaspekte, angefangen vom Schutz vor wirtschaftlicher Datenspionage über die Verfügbarkeit von IT-Systemen bis hin zur Einhaltung der gesetzlichen Vorgaben zunehmend durch. Im Detail besteht diese aus einem 133 Punkte umfassenden Katalog, der Regelungen und Maßnahmen rund um die Datensicherheit auflistet. Die ISO 27001 ist nur ein Teil einer ganzen Reihe von IT-Sicherheitsnormen, die unter dem Oberbegriff ISO 2700x zusammengefasst sind. Die wichtigsten Normen dieses Kataloges werden in Tabelle 2 aufgeführt (Pohlmann & Blumberg 2006, S.312f).

Zur Unterstützung der Umsetzung von ISO 27001 gibt der in der ISO 27002 aufgeschriebene „Code of Practice" eine umfangreiche Anleitung mit möglichen Maßnahmen (o.V. 2005a, S.7ff). Die Norm besteht aus elf separaten Abschnitten, die Maßnahmen zur

Erfüllung von IT-Sicherheitsanforderungen eines ISMS beschreiben und bei der Bewältigung von Risiken in der Praxis unterstützen sollen (Königs 2009, S.141). Im Detail wird in jedem Abschnitt ein Maßnahmenziel beschrieben, zu dem schließlich detaillierte Informationen zur Umsetzung dargelegt werden (o.V. 2005a, S.14ff). Die Maßnahmen sind generisch beschrieben und sollen als „Ausgangspunkt für die Entwicklung organisationsspezifischer Richtlinien angesehen werden." Deshalb sollen Unternehmen in der Lage sein, die Maßnahmen durch ihre unternehmenseigenen und rechtlich relevanten Richtlinien zu ergänzen (o.V. 2008, S.11).

Neben den in der Tabelle 2 zusammengefassten Normen existiert noch die ISO 27004, mithilfe derer Kennzahlen erhoben werden kann, welche Informationssicherheit "messbar" und die Wirksamkeit eines ISMS transparent macht. Die ISO 27005 enthält Richtlinien zum „Information Security Risk Management" (ISRM) sowie die ISO 27006, die Details zur Akkreditierung von Organisationen festlegt, die ISO-2700x-Zertifikate ausstellt und entsprechende Audits durchführt. Außerdem die ISO 27007 für das Auditieren von ISMS, die nicht von ISO 27001 abgedeckt wird und die ergänzende ISO 27008 für die Spezialisten, die diese Auditierung vornehmen sollen. Hinzu kommen unter der Bezeichnung ISO 27011 bis 27017 weitere Spezifikationen (Goltsche 2006, S.25).

3.2 Komplementäre Standards

Neben der vorgestellten Norm ISO/IEC 27001 für Informationssicherheit existieren weitere nationale und internationale relevante Regelwerke zur Informationssicherheit, wie der IT-Grundschutz nach BSI und die Vorgaben der Common Criteria, die zur Abgrenzung vorgestellt werden (Königs 2009, S.140).

Das Bundesamt für Sicherheit in der Informationstechnologie (BSI) gehört dem Bundesministerium des Inneren an und wurde 1991 gegründet. Als Hauptaufgabe umfassen sie „Entwicklung von Kriterien, Verfahren und Werkzeuge für die Prüfung und Bewertung von informationstechnischen Systemen" sowie die „Prüfung und Bewertung der Sicherheit von informationstechnischen Systemen [...] und (die) Erteilung von Sicherheitszertifikaten". Der vom BSI 1992 entwickelte Standard des IT-Grundschutz ist das deutsche Regelwerk für Informationssicherheit und den sicheren IT-Aufbau und –Betrieb (Helmbrecht 2008, S.10). Ziel ist es, die Informationssicherheit auf einem Mindestniveau betreiben zu können. Die notwendigen Maßnahmen und Vorgehensweisen erfolgen im sogenannten IT-Grundschutzhandbuch, das sich aus einzelnen Katalogen zusammensetzt. Kataloge beschäftigen sich mit einzelnen Themengebieten der Informationssicherheit. „In den IT-Grundschutz-Katalogen werden Standard Sicherheitsmaßnahmen für typische Geschäftsprozesse, Anwendungen und IT-Systeme empfohlen. Ziel [...] ist es, einen angemessenen Schutz für alle Informationen einer Institution zu erreichen. IT-Grundschutz verfolgt dabei einen ganzheitlichen Ansatz." Auch wenn das Grundschutzhandbuch vom BSI weiter gepflegt und ergänzt wird, wurde die ursprüngliche Zertifizierung nach IT-Grundschutz inzwischen durch eine anerkannte ISO 27001-Zertifizierung auf der Basis von IT-Grundschutz vollständig abgelöst (Helmbrecht 2009, S.31).

Als weiteres Rahmenwerk zur Unterstützung bei der Informationssicherheit werden in der Common Criteria (CC) die Spezifikationen zur Entwicklung bzw. Weiterentwicklung von IT-Systemen, -Produkten und -Komponenten zusammengefasst. Sie beruht auf verschiedenen vorhandenen Regelwerken für Informationssicherheit und wurde 1999 durch die Standardisierungsorganisation ISO/IEC unter der Nummer 15408 zu einem internationalen Standard erhoben. Hierin werden funktionale und qualitative Anforderungen an die Produkte und Systeme der IT festgelegt, die sich sowohl auf ihre Eigenschaften, als auch auf die Verfahren zu ihrer Entwicklung beziehen. Sie dienen beide zur Zertifizierung der Sicherheit von IT-Systemen und -Komponenten (Reiss & Sportelli 2012, S.55). Die Common Criteria bestehen im Wesentlichen aus drei Teilen, wobei im ersten Teil die allgemeinen Konzepte und Prinzipien der IT-Sicherheitsevaluation definiert und das allgemeine Modell der Prüfung und Bewertung vorgestellt werden. Der zweite Teil enthält eine Übersicht von funktionalen Komponenten als Mittel zur standardisierten Darstellung einheitlicher funktionaler Anforderungen an den Evaluationsgegenstand und katalogisiert die Menge der funktionalen Komponenten, Familien und Klassen. Der letzte Teil beschäftigt sich mit den Vertrauenswürdigkeitsanforderungen und definiert auch die Evaluationskriterien für die Schutzprofile und Sicherheitsvorgaben. „Eine Zertifizierung bestätigt die Prüfung des Produktes durch eine unabhängige Instanz und erhöht die Wettbewerbsfähigkeit. Ein weiterer Vorteil liegt, wie bei allen Zertifizierungen, im Bereich von Haftungsfragen. Bei haftungstechnischen Problemen geht es immer auch um die Frage, ob die gebotene verkehrsübliche Sorgfaltspflicht eingehalten wurde. [...] Der Nachweis einer Zertifizierung wird dann in der Regel als Beleg anerkannt, dass die gebotene Sorgfaltspflicht eingehalten wurde." (Reiss & Sportelli 2012, S.56f)

4 ISMS Einführung nach ISO/IEC 27001 für IT-Dienstleister

4.1 Vorgehen zur Planung

Die Vergabe von Rollen und Verantwortlichkeiten bei der Einführung eines ISMS, die sich an der Norm ISO/IEC 27001 ausrichten sollen, sind zur Aufrechterhaltung der Informationssicherheit für IT-Dienstleister von entscheidender Bedeutung. Neben der differenzierten Festlegung von entsprechenden Einzelrollen, um die zukünftige Aufrechterhaltung der Informationssicherheit zu sichern, stellt die Bildung eines Projektteams für das Einführungsprojekt einen zentralen Erfolgsindikator dar. Der Aufbau eines solchen Teams ist immer abhängig von der jeweiligen Unternehmensgröße, wobei es bei kleineren und mittleren Unternehmen teilweise auch zu Überschneidungen der Gebiete kommen kann (Knörle 2010, S.84). Im Folgenden werden wichtige Rollen innerhalb des Projektes zur Einführung eines ISMS dargestellt.

Die Aufabe des Informationssicherheitsbeauftragten ist es die Informationssicherheitsstandards festzulegen, die unternehmensinterne Umsetzung zu steuern und Themen im Komplex der Informationssicherheit vollumfänglich und strategisch zu begleiten. In dieser Funktion unterstützt er das Unternehmensmanagement bei der Auswahl der Prozesse und bei der Kontrolle der notwendigen Sicherheitsmaßnahmen und legt gemeinsam mit der Leitung die Richtlinien für das strategische Vorgehen zur Informationssicherheit fest. Außerdem ist er für das regelmäßige Reporting im Lenkungsgremium über aktuelle Entwicklungen, entstandene Sicherheitsvorfälle und sonstige Themen der Informationssicherheit verantwortlich. In sämtlichen Sicherheitsfragen sollte er weisungsberechtigt gegen über allen weiteren Teammitgliedern sein. Im Gegensatz dazu ist der IT-Sicherheitsbeauftragte weniger für die organisatorischen und strategischen Aspekte, sondern vielmehr für die technischen Implikationen der Umsetzung verantwortlich. In Zusammenarbeit mit dem Datenschutzbeauftragten verantwortet er, dass sich umdie relevanten „... Datenschutzgesetze und –richtlinien und Sicherheitsvorkehrungen gekümmert..." wird (Hansen & Neumann 2005, S.214). Da diese Rollendefinitionen in der Praxis oft ähnliche Aufgabengebiete abdecken, werden IT-Sicherheits- und Datenschutzbeauftragte personell oftmals in einer Verantwortung vereint und nur in großen Unternehmen in unterschiedlichen Köpfen betreut (Knörle 2010, S.85).

Die Mitglieder des IT-Security Kern Teams haben in diesem Kontext die Aufgabe des zentralen Steuerungsorgans für Informationssicherheit. Meist sind hierbei die bereits aufgeführten Rollen des Informationssicherheitsbeauftragen, des IT-Sicherheitsbeauftragten und des Datenschutzbeauftragten Mitglieder des Teams. Zusätzlich werden hierbei noch anlassbezogen IT-Systembetreuer sowie jeweilige Fachexperten und die IT-Leitung mit hinzugezogen. Aufgaben des Teams sind die Erstellung einer Strategie zur Gewährleistung der Informationssicherheit, die Definitionen zur Realisierung der Informationssicherheit im Unternehmen und die Entwicklung der Informations- und IT-Sicherheitsziele. Die Bestandsaufnahme (Ist-Aufnahme) der vorhandenen Informationsbestände und Unternehmenswerte sowie die Festlegung des zukünftigen Schutzbedarfs der Information muss ebenfalls in dieser Phase durch das IT-Security Kern Team bestimmt werden. Außerdem ist es Aufgabe des Einführungsteams die vorhandenen Informationssicherheits-Risiken zu identifizieren sowie zu priorisieren und die notwendigen Maßnahmen für einen angemessenen Schutz herzuleiten (Roth 2009/2010, S.93f).

Das ISMS Team kümmert sich operativ darum, dass die in der Planung festgelegten bzw. angestrebten ISMS Verfahren und Methoden effektiv und effizient umgesetzt und gesteuert werden. Dieses Team sollte organisatorisch direkt dem Projektlenkungsausschuss unterstehen und hat die Aufgabe das ISMS für das Unternehmen festzulegen, einzuführen, zu betreiben und kontinuierlich zu überprüfen und zu verbessern. Hierzu arbeitet es eng mit dem IT-Security Kern Team zusammen. Mitglieder dieses Teams sind neben dem Projektleiter und den Mitarbeitern, die die ISMS Einführung operativ durchführen, oftmals die IT-Leitung und der Informationssicherheitsbeauftragte. Ziele sind die konkrete Festlegung sowie die Durchführung und Umsetzung des ISMS. Daneben werden als späteren Prozess die Überwachung und Kontrolle, die Instandhaltung und ständige Verbesserung sowie die Dokumentation des ISMS gesehen (Knörle 2010, S.88f).

Da die Informationssicherheit zum großen Teil organisatorische Maßnahmen fordert, ist sie stets eine Management Aufgabe. Den das Datenschutz und die Datensicherheit ein Thema der obersten Führung sein muss, hat im Wesentlichen zwei Gründe: Erstens ist die Bedeutung der Information für das Unternehmen so wichtig, dass die Nichtverfügbarkeit eine absichtliche oder unabsichtliche Verfälschung der Information weitreichende Konsequenzen haben kann. Im äußersten Fall können Störungen in diesem Bereich für das Unternehmen sogar existenzbedrohend werden. Des Weiteren haben die in Kapitel 2.2 aufgeführten rechtlichen Vorgaben den Führungsorganen von Unternehmen eine erhebliche Mitverantwortung zugewiesen. Im BDSG wird beispielsweise gefordert, dass personenbezogene Daten, also Daten von Mitarbeitern oder Kunden, hinreichend sicher gespeichert und nur für den vorbestimmten Zweck benutzt werden dürfen. Daher sollte bereits zu Projektbeginn die Unterstützung durch das Führungsteam stets gewährleistet sein (Roth 2009/2010, S.95).

4.2 Maßnahmen umsetzen

Die in der ISMS Planungsphase festgelegten Schutzmaßnahmen können auf unterschiedliche Weise in die Organisation eingeführt und in die bestehende IT-Landschaft integriert werden. In Analogie zu gängigen Projektvorgehensmodellen sollte auch ein ISMS Projekt in einzelnen folgerichtigen Schritten umgesetzt werden (o.V. 2008, S.15f). Zunächst geht es darum, die grob entwickelten Konzepte zur Informationssicherheit zu verfeinern, um darauf basierend ein konkretes Lösungskonzept für die Implementierung der technischen und organisatorischen Schutzmaßnahmen zu entwerfen. In diesem Feinkonzept werden die Vorgehensweisen für die operative Umsetzung des ISMS, die Vorgehensweise für die Inbetriebnahme und den anschließenden Prozess für den zukünftigen Betrieb der Sicherheitslösung beschrieben. Bereits hierbei sollten schon Sicherheitsreviews eingeplant werden, um die Lösungs- und Betriebskonzepte auf wiederspruchfreie und lückenlose Sicherheit zu prüfen. Die eigentlichen technischen Sicherheitslösungen bestehen aus Software und Hardware oder einer Mischung aus beiden Komponenten (Knörle 2010, S.100f).

Neben der Umsetzung von Schutzmaßnahmen in der vorhandenen IT-Umgebung müssen insbesondere auch die organisatorischen Regelungen initiiert werden, um die Schutzziele auch zu erreichen. Hierzu ist die Unterstützung der Unternehmensleitung unabdingbar, um die notwendige Aufmerksamkeit („awareness") zu schaffen. Die hierbei zu definierenden IT-Sicherheitsrichtlinien legen übergreifend die Arbeits- und Rahmenbedingungen, die für alle Einsatzbereiche der Informationstechnologie innerhalb der betrachteten Unternehmung gelten, fest (Helmbrecht 2009, S.44f). Eine organisationsweite IT-Sicherheitsrichtlinie hat die Aufgabe, alle Aspekte einer sicheren Nutzung der Informationstechnik innerhalb der eigenen Organisation abzudecken. In diesen Richtlinien werden Unternehmensleitlinien festgelegt, die jedoch keine konkreten Implementierungen oder exakten Umsetzungen vorgeben. Insbesondere die technischen Details sowie Einzelheiten zu den konkreten Schutzmaßnahmen und deren Umsetzung sind nicht Bestandteile der firmenweiten IT-Sicherheitsrichtlinien (o.V. 2008, S.18f).

Sowohl bei den technischen wie auch den organisatorischen Maßnahmen empfiehlt sich eine sukzessive Einführung der neuen Regelungen bei „Pilot-Usern", die als Multiplikatoren der Umsetzung in der Unternehmung dienen. Erst ein anschießendes Rollout nach eventuellen Korrekturmaßnahmen macht die neuen Sicherheitsmaßnahmen bei allen Anwendern verbindlich (Helmbrecht 2009, S.52). Im Hinblick auf die avisierte Zertifizierung nach der ISO/IEC 27001 ist es bei der Umsetzung erforderlich, dass eine Anwendbarkeitserklärung, die sogenannte Statement of Applicability, angefertigt wird. In diesem Dokument wird festgehalten, welche Sicherheitszielsetzungen umgesetzt und welche bewusst nicht umgesetzt wurden. Um sicherzustellen, dass nicht unbeabsichtigt Maßnahmen ausgeschlossen werden, muss jede der 133 Controls begründet werden (Knörle 2010, S.105).

4.3 Umsetzung prüfen und kontinuierliche Verbesserung

Nachdem die Sicherheitsmaßnahmen umfänglich umgesetzt wurden, sollte das realisierte Informationssicherheitsmodell zyklisch mit einer Analyse verifiziert werden. Erst diese regelmäßige Überprüfung macht die tatsächliche Wirkung der gesetzten Maßnahmen für das Unternehmen messbar. Für das Konzept der ISO-Norm 27001 sind die strikte Einhaltung der Sicherheitsmaßnahmen und deren Aktualität essentiell. Diese Aspekte sollen durch regelmäßige Audits von zertifizierten und erfahrenen internen oder externen Partnern überprüft werden. Nur dadurch können Unternehmen ihre Informationssicherheit immer weiter verbessern und sukzessive weitere bzw. neu entstandene Sicherheitslücken schließen (Dohle, Schmidt, Zielke & Schürmann 2009, S.85f).

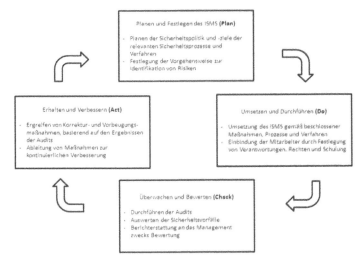

Abbildung 1: PDCA Zyklus zur kontinuierlichen Verbesserung in Anlehnung an (Andenmatten 2008, S.78)

Die Planung und Durchführung dieser regelmäßigen ISMS Audits sollte durch das Management getragen werden und ist ein zentrales Instrument des kontinuierlichen Verbesserungsplans (KVP) in der Informationstechnologie. Die Organisation der IT-Sicherheit ist somit keinesfalls eine einmalige Angelegenheit, die mit der Umsetzung eines Initialen-Projektes beendet ist, sondern ein kontinuierlicher Prozess, der stetig die Vertraulichkeit, Integrität und Verfügbarkeit der IT-Systeme und IT-Dienste einer Organisation gewährleisten soll (Knörle 2010, S.96f). Zu den essentiellen organisatorischen Aufgaben eines ISMS zur permanenten Sicherstellung der Informationssicherheit gehören:

- Die Fortschreibung der IT-Sicherheitsziele

- Die Anpassung der Sicherheitsstrategie

- Die Erweiterung der Sicherheitsleitlinien der Organisation

- Die Festlegung und Fortschreibung der IT-Sicherheitsanforderungen

- Die Auswahl und Priorisierung zu treffender Schutzmaßnahmen

Im Rahmen dieser Sicherheits-Audits kommt zumeist ein externer Auditor für einige Tage in das betreffende Unternehmen. Anhand der Vorgaben des Standards ISO 27001 sowie der Dokumentation des ISMS-Betriebs wird der Ist-Stand mit dem avisierten Soll-Konzept verglichen. Als Ergebnis dieser Prüfung werden entsprechende Empfehlungen für die Verbesserung der IT-Sicherheit von den Prüfern ausgesprochen (Hang 2009, S.19). Basierend auf den Ergebnissen des ISMS Audits werden von den Auditoren in Abstimmung mit den jeweiligen Bereichen und Personen entsprechende Maßnahmen definiert, die zur Erreichung, Aufrechterhaltung oder weiteren Verbesserung des angestrebten Informationssicherheitsniveaus notwendig sind. Die Auswahl der Maßnahmen sollte im Einklang mit dem in der ISMS Planung definierten Kriterien, den Unternehmenszielen und den relevanten gesetzlichen Anforderungen erfolgen. Eine solches ISMS Audit kann entweder den gesamten IT-Betrieb umfassen, oder sich nur auf beispielsweise neu eingesetzte Sicherheitskomponenten beschränken. Dabei können die Auditoren auch Sofortmaßnahmen durchführen, beispielsweise bei der Identifikation besonders gravierender und sofort zu behebender Schwachstellen. Mit der Übergabe der Maßnahmen an das ISMS oder IT-Security Kern Team übernimmt dieses die Verantwortung für die konkrete Planung und Umsetzung (Knörle 2010, S.98f).

4.4 Zertifizierung des ISMS

Gerade für IT-Unternehmen stellt ein Sicherheitszertifikat eine unabhängige Bestätigung dar, dass alle in einem Sicherheitsstandard geforderten Maßnahmen tatsächlich umgesetzt und entsprechend der Definition regelmäßig geprüft sind. Daneben ist es eine sehr wichtige Marketingmaßnahme um im Wettbewerb eine innovative Position zu dokumentieren. Durch die Ausstellung eines Zertifikates, mit dem die Umsetzung des Standards bestätigt wird, kann diese Dritten transparent gemacht werden. Der Aufwand für eine ISO/IEC 27001 Zertifizierung ist abhängig von der vorhandenen Unternehmensstruktur. Hierbei kann von einem externen Aufwand von einigen Tagen bis zu mehreren Wochen ausgegangen werden. Der interne Aufwand kann deutlich höher sein, je nach Vorbereitungsstand des Unternehmens (o.V. 2008, S.37f).

Nachdem der Dienstleister das ISMS nach ISO 27001 umgesetzt hat und alle relevanten Dokumentationen vorliegen, kann ein zertifizierter Auditor beauftragt werden. Dieser wird auf Grundlage des vorliegenden Prüfschemas den IT-Betrieb, die organisatorischen Maßnahmen und seine Sicherheitsstruktur unabhängig überprüfen (Pohlmann & Blumberg 2006, S.147f). Die Ergebnisse der Prüfung werden dann in einem Auditbericht protokolliert, der zusammen mit dem Zertifizierungsantrag der Zertifizierungsstelle als Grundlage für ein ISO 27001-Zertifikat dient. Ziel des Audits ist die unabhängige Überprüfung der Umsetzung der ISO 27001-Vorgaben in einem fest definierten IT-Verbund einer Organisation. Wichtig für die Prüfung, die teilweise durch einen oder mehrere Auditoren durchgeführt wird, ist eine gültige Lizenz des Auditors gemäß der ISO/IEC 27008 (o.V. 2005a, S.18).

Jede Prüfung umfasst zwei Phasen: Eine (externe) Dokumentenprüfung und eine ISMS-Umsetzungsprüfung vor Ort. Die Ergebnisse des Audits werden von einer akkreditierten Zertifizierungsstelle (beispielsweise durch den TÜV) analysiert und bewertet. Bei im Rahmen eines geregelten Zertifizierungsaudits nachgewiesener Eignung der Organisation erteilt die Zertifizierungsstelle ein Zertifikat nach ISO 27001, das grundsätzlich drei Jahre gültig ist, sich aber jährlich im Rahmen eines Überwachungsaudits bewähren muss. Nach drei Jahren kann das Zertifikat nach einem Re-Zertifizierungsaudit um weitere drei Jahre verlängert werden (o.V. 2010, S.33f).

5 Fazit

Die Bedeutung der Informationstechnologie in Organisationen hat in den letzten Jahrzehnten immer mehr zugenommen. Ohne die adäquate IT Unterstützung sind wertschöpfende Prozesse in Unternehmen heutzutage nicht mehr realisierbar. In einem globalen Wettbewerb ist daher der Bereich der Informationssicherheit wichtiger denn je, da er die Verfügbarkeit, Vertraulichkeit und Zuverlässigkeit der relevanten IT-Systeme erst ermöglicht. Diese komplexen und technisch anspruchsvollen Aufgaben werden durch etablierte und international anerkannte Standards unterstützt, die helfen, die Komplexität der Anforderungen zu reduzieren. Solche Sicherheitsstandards sind der IT-Grundschutz nach BSI, die Common Criteria und die ISO-Norm 27001. Die Familie der ISO/IEC 2700x unterstützt Unternehmen dabei, die Informationssicherheit ganzheitlich im Unternehmen umzusetzen und diese Umsetzung permanent zu messen und zu verbessern.

Nach internationalen Studien hat sich die Norm ISO 27001 als de-facto Standard durchsetzen können und immer mehr Unternehmen orientieren sich an deren Vorgaben, um die Informationssicherheit aufrecht zu erhalten. Neben gesetzlichen und branchenspezifischen sowie firmeninternen Anforderungen, die Unternehmen dazu zwingen sich mit der Sicherheit der Informationen zu beschäftigen, ist eine anerkannte Zertifizierung in diesem Bereich ein wichtiger Wettbewerbsfaktor. So bietet die ISO Zertifizierung einen hohen Marketingwert und unabhängigen Nachweis darüber, dass der IT-Dienstleister sehr hohe Sicherheitsanforderungen erfüllt. Daher wurde in dieser Arbeit das Vorgehen zur Implementierung eines zertifizierten ISMS bei dieser Zielgruppe untersucht.

Die Einführung bzw. Ausrichtung eines ISMS nach ISO 27001 wird in mehreren Schritten durchgeführt, wobei zunächst in einem IT-Sicherheits-Projektteam die schützenswerten Informationen identifiziert und Zuständigkeiten sowie Rollen festgelegt werden. Nachdem diese Analysen umfänglich dokumentiert wurden, werden in einer Umsetzungsphase diese Maßnahmen, sowohl technisch als auch organisatorisch, sukzessive in die Unternehmung implementiert. Ein essentieller Schritt für eine erfolgreiche und unabhängige ISO-Zertifizierung stellt die kontinuierliche Verbesserung dar. Hierbei werden die umgesetzten Maßnahmen von neutralen externen Auditoren regelmäßig geprüft. Das Ergebnis dieser Prüfung dient dazu, evtl. vorhandene oder neue Schwachstellen zu identifizieren. Diese Lücken in der Informationssicherheit müssen dann zeitnah beseitigt werden, um die gewünschte Zertifizierung zu erhalten. Eine regelmäßige Wiederholung dieser Schritte stellt sicher, dass die (IT-)Sicherheit immer auf einem hinreichend aktuellen Stand bleibt und die Zertifizierung verlängert werden kann.

Literaturverzeichnis

Andenmatten, M. (2008), *ISO 20000*, symposion, Düsseldorf.

Brunnstein, J. (2006), *ITIL Security Management realisieren*, Vieweg+Teubner, Wiesbaden.

Buchsein, R., Victor, F., Günther, H. & Machmeier, V. (2008), *IT-Management mit ITIL V3*, Vieweg+Teubner, Wiesbaden.

Dohle, H., Schmidt, R., Zielke, F. & Schürmann, T. (2009), *ISO 20 000*, dpunkt Verlag, Heidelberg.

Ehmann, J. (2010), 'Verfahrensanweisung risikomanagement iso 27001 - isms prozessbeschreibung', *Security Magazin* **12**, 21–31.

Goltsche, W. (2006), *Cobit kompakt und verständlich: Der Standard zur IT Governance*, Vieweg+Teubner, Wiesbaden.

Gründer, T. & Schrey, J. (2007), *Managementhandbuch IT-Sicherheit*, Schmidt (Erich), Berlin.

Hang, M. (2009), *Leitfaden Informationssicherheit*, Verlag Moser, Rheinbach.

Hansen, H. R. & Neumann, G. (2005), *Wirtschaftsinformatik 1 Grundlagen und Anwendungen*, 9 edn, Lucius + Lucius Verlag, MÃnchen.

Helmbrecht, U. (2008), *Informationssicherheit und IT-Grundschutz*, Bundesanzeiger Verlag, Köln.

Helmbrecht, U. (2009), *Notfallmanagement*, Bundesanzeiger Verlag, Köln.

Kersten, H. & Klett, G. (2008), *Der IT Security Manager*, Vieweg+Teubner, Wiesbaden.

Klußmann, N. (1997), *Lexikon der Kommunikations- und Informationstechnik*, Hüthig,, Heidelberg.

Knörle, O. (2010), *Informationssicherheits-Management nach ISO/IEC 27001*, VDM, Saarbrücken.

Kästner, E. (2006), *Das fliegende Klassenzimmer*, Dressler, Hamburg.

Köhler, H. (2012), *Wettbewerbsrecht, Markenrecht und Kartellrecht*, Deutscher Taschenbuch Verlag, München.

Königs, H.-P. (2009), *IT-Risiko-Management mit System*, Vieweg+Teubner, Wiesbaden.

o.V. (2005*a*), *ISO/IEC 27001: Information technology - Security techniques - Information security management systems - Requirements*, ISO, o.O.

o.V. (2005*b*), *ISO/IEC 27002: Information technology - Security techniques - Code of practice for information security management*, ISO, o.O.

o.V. (2008), *Zertifizierung nach ISO 27001 auf der Basis von IT-Grundschutz*, BSI, Bonn.

o.V. (2010), *Compliance im IT-Outsourcing*, Accenture, Kronberg.

Paulus, S. & Brandl, S. (2011), *IT-Sicherheitslage im Mittelstand 2011*, Bundesministerium des Inneren, Berlin.

Pohlmann, N. & Blumberg, H. (2006), *Der IT-Sicherheitsleitfaden*, mitp, Heidelberg.

Reiss, M. & Sportelli, M. (2012), 'Produkte nach common criteria (cc) zertifizieren', *SearchSecurity* **1**, 55–58.

Roth, D. (2009/2010), 'Informationen vor unbefugter einsichtnahme und weitergabe schützen', *KMU-Magazin* **10**, 92–95.

Speichert, H. (2007), *Praxis des IT-Rechts*, Vieweg+Teubner, Wiesbaden.

Stahlknecht, P. & Hasenkamp, U. (2005), *Wirtschaftsinformatik*, 11 edn, Springer Verlag GmbH, Berlin.

Tötök, E. (2010), 'Der stand der dinge, schwarz auf weiß', *IT-Grundschutz* **10**, 3–7.

van Kessel, P. (2011), *Global Information Security Survey*, Ernst+Young, London.

Veselka, M. (2008), *Dynamischer Wettbewerb und Unternehmensstrategien*, Metropolis Verlag, Marburg.

Witt, B. C. (2006), *IT-Sicherheit kompakt und verständlich*, Vieweg+Teubner, Wiesbaden.